療癒自律神經
扭轉逆境人生

47個小練習，穩定你所有負面情緒

The simple ways to feel safer

不安・イライラがスッと消え去る「安心のタネ」の育て方
ポリヴェーガル理論の第一人者が教える47のコツ

日本「多重迷走神經理論」首席專家
淺井咲子——著　伊之文——譯

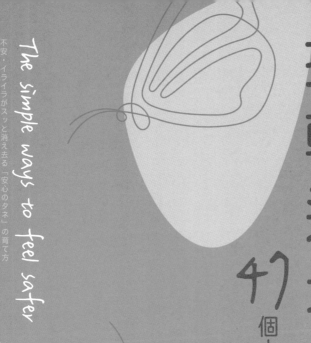

前言　在你心中培育「安心感」的種子吧！

以下項目中，你符合幾項呢？

- ☑總是莫名感到不安
- ☑心神不寧
- ☑明明想休息，卻沒得休息
- ☑總是很嗨、很興奮
- ☑動不動就覺得累
- ☑一再感到緊張和疲勞
- ☑肩膀很痠，頭很痛
- ☑胃腸疲弱，容易吃壞肚子

☑很敏感，容易受到氣味、聲音、光線和人的影響
☑與人相處時太費神，事後筋疲力盡
☑平日太累，導致放假時什麼事都不想做
☑經常想吃高熱量的垃圾食物
☑想靠喝酒來放鬆
☑很喜歡吃甜食配咖啡因飲料
☑經常喝能量飲料

每天搭乘人擠人的大眾交通工具、長時間面對電腦或滑手機、一整天都在照光……諸如此類，我們二十四小時都暴露在聲光和資訊的刺激，以及與人接觸的緊繃感中。

就是這些因素為神經帶來很大的負擔，讓人反覆感到緊張和疲倦。這裡說的神經是指自律神經，它分布於所有內臟和分泌腺，負責調節心臟、全身血管、平滑肌與汗腺的作用。由於它的運作不受意志

控制，所以稱為自律神經，而要保養自律神經是需要訣竅的。

「多重迷走神經理論」（The Polyvagal Theory）能用來紓解壓力並撫平創傷，可說是「自我療癒」的最新科學理論，本書中的小練習都是根據這個理論所設計，**還望讀者學習這些與神經和諧共處的方法，在心中培育「安心感」的種子**。至於「多重迷走神經理論」的細節，我後續在正文中會再介紹。

在你閱讀這本書，並且在日常生活中實踐這些小練習之後，將能學會更加善待自己，並改善緊張和疲勞的迴圈。

這樣一來，即使不刻意隔絕外界刺激，你仍能愜意過生活。

人經常會把「不安心」和「安心了」掛在嘴上，但話說回來，「安心」究竟是什麼呢？

辭典對它的定義是：「沒有掛心的事，心情很平靜」。

若從神經狀態的觀點來看，**「安心」是一種基於個人主觀感受，對人際關係與環境的信賴感**。也就是說，「安心」只是一種感覺，有別於由國際標準來定義、有客觀條件的「安全」。

其實，人若要獲得「安心感」，就必須先照顧好神經中「安心的基礎」。

有了這個基礎，我們才能和別人愉快交談、在有需要時向人求助、樂在工作、提起勇氣去挑戰，並保持身體健康。這個「基礎」就是「安心感的種子」。

我在二〇〇四年接觸「多重迷走神經理論」，現在則是在自己開設的心理治療所，將這個理論結合心理療法與心理諮商來進行應用。

我做的心理療法重點放在「如何埋下安心感的種子」，並在日常生活中培育它。

我在心理療法與心理諮商中，以下列兩大主軸為基礎進行反覆嘗試，終於歸納出本書所要介紹的方法。

- **能當作習慣在生活中實踐（簡易的每天必做事項・練習）。**
- **當作對症療法用（身體不適或遇到問題時）。**

因此，本書介紹的所有小練習都能在日常生活中輕易實踐，在感到不安或憤怒時用作應變方法。

請透過這些小練習捕捉「安心」的感覺，之後請自己一邊嘗試，一邊培育「安心的種子（基礎）」。

只要大約每隔兩個月就重新檢視並加以修正，那些已經常態化的緊張、疲勞和高敏感度就會好轉。而且還可以將至今為止被擔心、不安、煩躁、沮喪等奪走的活力，重新用來取悅自己。

你將能放寬心與人來往，也能安心獨處。只要了解「安心」的原理，就能常保愉快，偶爾接受挑戰或承受負荷，抱著期待面對未來。

你將能體會到，比起貪心地想要自己掌控一切，這樣做更能感受到好幾倍的幸福。

請透過這本書，為自己的神經埋下「安心感的種子」，培養發自肺腑的「安心感」。

神經治療師、認證心理師　淺井咲子

目錄

你的身心都能「安心」嗎？

第1部

「安心」的關鍵是三種神經與四個模式

第2部

培育「安心」的兩個開關・四十七個小練習

First 鍛鍊後方開關的十八個小練習

~自我紓壓，放鬆身心~

Second 鍛鍊前方開關的二十九個小練習
～培育「連結模式」，營造溫暖的人際關係～

你的身心都能
「安心」嗎？

緊張和疲勞可能是源自「安心感」不足

「動不動就往壞處想，心情好低落。」
「總是很煩躁。」
「無法打從心底放鬆。」
「經常累得半死。」
「睡再久還是無法消除疲勞。」
「與人見面後會感到心累。」
「我會不會是高敏感人？」

許多來參加我講座的人都有著這些煩惱。
在那當中，有人在工作上火力全開，有人「恰如其分地」兼顧工作和家庭，還有人為了帶孩子忙翻天。

此外，還有急躁易怒、內向怕生和文靜內斂的人，也有很會照顧人的大好人，真的是形形色色。

他們乍看之下沒有共通點，但其實每個人都**在勉強自己，使得自己身心俱疲**。

你是不是也有以下經驗呢？

除了面對公司同事和左鄰右舍，就連和家人、伴侶或知心摯友在一起時都會忐忑不安，在散會後感到精疲力盡。然而，他們原本都該是自己相處起來不須要緊張的對象。

就連自己都不知道為什麼會這麼心累、生氣或緊張。

這是我從前的真實體驗。之所以會發生這種現象，**原因就在於「安心感」不足**。

我在前言中曾提到，「安心」說到底只是個人的主觀感受，**是一種對人際關係或環境的信賴感**。

「安心」不過是種抽象的感覺，與能用外在條件客觀表現的「安全」不同。

從神經的角度來看，「安心」說的是身體內部感覺的內感受，以及自律神經是可預測性的狀態。

換句話說，也就是內臟順利運作所產生的舒適感——「身體感覺（內感受）」，以及有著即使感到不愉快，但隨著時間經過就能有所改善的「可預測性」。

那麼，「不安」是什麼呢？

那是面對出現的危險所產生的情緒，是為了在險境中保護自己而不可或缺的。

這種**不安的情緒其實是源自體內的「不適感」**。

所謂的「不適感」，可說是自律神經處於無法預測的狀態。

每個人本來都必須在神經中培育能夠獲得「安心感」的根本。

而正因為有了這個基礎，我們才能和別人愉快地交談、在需要時向人求助、樂在工作、提起勇氣去挑戰，並保持身體健康。

然而，**若「安心感」不足，人就會被莫名的不安所掌控**。

如同大家知道的，「莫名的不安」非常棘手。

身體的不適來自心理

神經承受的負荷不只會對精神層面帶來負面影響。

當你在精神上感到十分疲倦，是否會開始感覺到身體也出問題了呢？

- 出現消化不良、便祕或腹瀉等胃腸症狀
- 出現氣喘等典型的呼吸道症狀
- 出現蕁麻疹或異位性皮膚炎等免疫系統異常
- 肩膀痠痛或腰痛慢性化
- 揮之不去的偏頭痛
- 經前症候群

●多化學物質過敏症
●慢性疼痛、纖維肌痛症

上述這些症狀，全都和神經緊繃或疲勞關係匪淺。

反過來說，調理好神經，就有很大的機率能減輕這些身體症狀。

我希望讀者能透過本書傳授的方法獲得「安心感」，並改善以往一直折磨你的病痛。

「可預測性」是「安心感」的必備條件

你或許也曾經思考過：要怎麼做，才能獲得「安心感」呢？

有些人只要有人陪在身邊就會感到安心。

比起獨自一人，有人陪伴的確會覺得比較放心。

此外，還有些人只要經濟和工作獲得保障就能安心。

但另一方面，即使在一時半刻感到安心，卻仍然擔心「陪伴自己的人是否總有一天會離去？」「假如失業了該怎麼辦？」「錢好像會不夠」，無謂地加深不安。

無論是哪種情況，我們都是**因為「不知道未來會如何」而感到不安**。如同第二十頁所述，若從神經的觀點來看，**只要有**「大概會變成那樣」的**「可預測性」就能安心**。

不過，你或許會疑惑：「別人的心情、工作和經濟根本無從預測，那麼，我們豈不是只能一直不安下去了嗎？」

其實，**只要我們一直向外追求「可預測性」，就無法獲得「安心感」**。重點在於，我們**要有「我是沒問題的」這種內在可預測性**。

說得具體一點，就是無論碰到任何狀況，只要明白「當下的不安不會永遠持續」，不要自己嚇自己，就能夠回到安心狀態。

不安是一種讓人避開危險的防禦反應，所以人會感到不安是正常的。被不安的情緒牽著鼻子走而手足無措也很理所當然。

不過，只要你明白「安心感」會自然降臨，就一定能夠回到認為「自己是沒問題」的狀態。

本書的最終目標，就是讓你達到這樣的境界。

你是沒問題的

到這裡為止，我們已經知道，從神經的觀點來看，**「安心感」就是身體內部感覺的「內感受」，以及認為「我是沒問題的」的內在可預測性（自律神經的可預測性）**。

這種**「內在的可預測性」能夠透過調整好自律神經的根本打造**。

照顧好自律神經的基礎之後，大家就能預見「自己一定能夠找回這種舒適的狀態（安心感）」。

本書將介紹各種磨練「內感受」的小練習，作為培育自律神經基礎的具體方法。

現代人的壓力來源有很多，詳情後續會再說明。

但話說回來，那些現正活躍的社會砥柱和育兒世代經歷了追求高度產能、ＩＴ發展和資訊爆炸的時代，體驗到了劇烈的環境變遷。

人要是在神經失調的狀態下接收到太多刺激，心跳就會上升到一百二十左右，速度過快。

這樣一來，和別人相處時便很難安心。

換言之，就是抱著不安和恐懼，勉強自己與人交流。

人疲於社交時往往有自責的傾向，認為「問題出在自己身上」。

但是，與人相處之所以會讓你感到不快、不安甚至疲憊，問題並不在於你的個性或人格。

因為，自責和羞恥的情緒，是神經極度缺乏能量所引起的。

因此，讓我們來了解這種情況，一起來為神經安裝新選項吧！

為此，我們首先必須鍛鍊「後方開關」和「前方開關」。

這些詞彙乍看之下不容易懂，但是沒關係。

你一定能夠輕易做到！

只要在生活中實踐這些保養神經的小技巧，你的人生就會出現大幅的轉變。

獲得安心感就能扭轉人生

當我們感到不安或憂心，有些人會建議我們「看開一點」「不要往壞的方面想」。

我想，給出這種建議的人大概沒有惡意，但聽到這些話會讓人產生「都是我不好」的罪惡感，或是更加被「沒人理解我」的孤獨感所折磨。

每個人都想要安心感，不想惴惴不安。

可是，就是因為無法安心才痛苦，即使別人提出不切實際的樂觀主義也沒有意義。

重點在於，**要用科學方法解決問題**。

所謂科學的方法就是調理神經，亦即本書的最大依據——「多重迷走神經理論」。

本書架構可分為兩個部分，第一部將從神經機制的觀點，解讀身心出現各種症狀的原因。

第二部會介紹具體的小練習以改善神經機制。

如同先前所述，本書的小練習是用來培養內感受的。

透過那些小練習來調理自律神經，就能獲得「可預測性」和「安心感」，亦即能擺脫各種引發不安的因素。

光是如此，我們的每一天就不僅能過得更豐富，還會發生更大的變化。

那就是過上有「心理韌性」的生活。

所謂的心理韌性可以解釋為「韌性」「復原力或柔軟性」。

你將能不畏壓力，有力量克服它。
此外，你還會對自己產生信賴和期待。

舉例來說，你將能辦到以前辦不到的事。
假如你一直認定自己辦不到，心裡就會留下疙瘩。
然而，這其實可以修復，而不是只能那樣放著不管。
修復之後，你心中將會萌生一點一滴擴大挑戰範圍的意願，而那分心理韌性也將更為成長。

此外，**你對別人的期待和待人接物的方式若有「扭曲」之處，那些也都會消失**。
你將能建立最適當的人際連結，不會隨便對人產生不信任感。
原本限縮在內在的視野將會擴張，讓你看見更多元的事物，湧現豐富的點子和靈感。

其他還有，**你也能活在「當下」**。

若不再後悔過去、憂心未來，就能專注在眼前的課題上，將原本浪費掉的精力全傾注在「當下」。

這麼一來，你將會察覺自己過去究竟浪費了多少精力。

那麼，為了讓各位讀者親身體驗到成效，以下立刻進入正題。

文中偶爾會出現專有名詞，但記不住也沒關係，只要一直往下閱讀即可。

第1部

「安心感」的關鍵是三種神經與四個模式

神經是如何運作的？

我想先在開頭為大家說明一下神經是什麼。

神經大致**可分為「中樞神經」與「末梢神經」兩種**。

末梢神經分布於全身，負責傳遞身體的各種資訊，而中樞神經則是負責整合。

我們常說：「吃太快會不小心吃太多，細嚼慢嚥就能控制吃到八分飽。」

這是因為，花時間慢慢進食的過程中，末梢神經會發出「正在進食」的訊號，然後由「飽食中樞」接收。

末梢神經還能再細分為「軀體神經」（somatic nervous）和「自律神經」。

「自律神經」就是本書要探討的主題。

「軀體神經」會在活動身體或感覺到疼痛時運作，能夠靠意志控制，其功能也很容易懂，但「自律神經」就如同字面所示，是自律運作，一般認為，它是難以靠意識掌控的神經。

舉例來說，我們在做重要簡報時會感到緊張、心跳加速、胸悶、臉紅或流汗，雖然不想這樣，但自己又無法控制，這就是自律神經的傑作。

就是自律神經這種「讓人莫可奈何」的特性，才會讓人過度緊張而飽受折磨。

本書將能讓自律神經從「讓人莫可奈何」變成具有「可預測性（恢復平靜）」。

「安心感」的原理

我在上一節談到了自律神經。

自律神經是由「交感神經」與「副交感神經」兩種神經所組成。

用車子來說，交感神經就像油門，讓人感到**興奮和清醒**。

而副交感神經則**有著煞車與讓人放鬆的作用**。

這兩種神經有如翹翹板，在一整天中，不斷重複著取得平衡、輪流取得優勢的情況，以此維持我們的身心健全。

例如**到了晚上，副交感神經會占優勢，我們就能好好入眠；到了**

早上，就輪到交感神經占優勢，使血壓和血糖上升，我們才得以精神飽滿地開始行動。

這本該是神經應有的狀態，但實際上很多人都出於各種因素而引起自律神經失調，導致身體不適。

當自律神經失去平衡，交感神經不斷受到刺激，無法擺脫興奮狀態，或是原本應該讓人放鬆的副交感神經運作過度，就會出現疲倦、手腳冰冷或大量出汗等症狀。

在美國伊利諾大學（University of Illinois）擔任精神醫學名譽教授的史蒂芬．波格斯博士（Stephen W. Porges）對副交感神經有了新發現。

波格斯博士提出一項和這些神經有關的理論。

博士在研究自律神經的過程中著眼於「社會連結」（Social Engagement）這個哺乳類動物的特性，發現我們人類的**副交感神經還**

能再一分為二。

也就是說，自律神經包括一個交感神經和兩個副交感神經，共計三個。

這一分為二的副交感神經分別稱為**「背側迷走神經」**（Dorsal Vagal）和**「腹側迷走神經」**（Ventral vagal）。

從培養「安心感」的角度來看，「背側迷走神經」和「腹側迷走神經」至關重要。

「背側迷走神經」主要在獨處且放鬆時運作，而「腹側迷走神經」則是在和別人自在相處時運作。

「背側迷走神經」是從腦幹後方伸出，主要通過腹部；至於「腹側迷走神經」則是從腦幹前方延伸到耳朵、喉嚨和心臟。本書在解說這兩個名詞時，會分別用比較好記的「後方開關」代替前者，用「前方開關」代替後者。

三種神經與四個模式

第四十二頁中有將交感神經與副交感神經（包括「前方開關」和「後方開關」）的結構畫成了圖。

首先，下層的部分是副交感神經，**由掌管休息與消化的「後方開關」（鬆餅），以及讓我們和別人自在相處的「前方開關」（來往的人）**兩者所構成。

前者稱為**「休息消化模式」**，後者稱為**「連結模式」**。

理想的情況是，要好好保養這個副交感神經的部分。

當我們開始活躍或察覺到危險，位於副交感神經上方的交感神經就會啟動。交感神經是動物選擇「戰或逃」的防衛神經，對我們的生存來說是不可或缺的。

副交感神經是在睡眠時占優勢，等到起床開始做事之後，就輪到交感神經取得優勢。搭乘人擠人的大眾交通運輸工具時會感到緊繃、眼前有人正在發怒就會心神不寧，這些都是交感神經為了保護我們而在活躍運作著。

人在一般日常生活中確實會遇到危險。此外，為了在工作上留下好成績，我們也需要某種程度的求勝心。

但是，**除非是發生緊急狀況，交感神經的運作仍然要有個限度**。然而，現在有很多人的交感神經都過度運作了。

在自律神經的金字塔中，還有一個地方希望大家注意，那就是金字塔的頂端。

其實，這裡也是副交感神經掌管的領域，稱為**「凍結僵直模式」**。

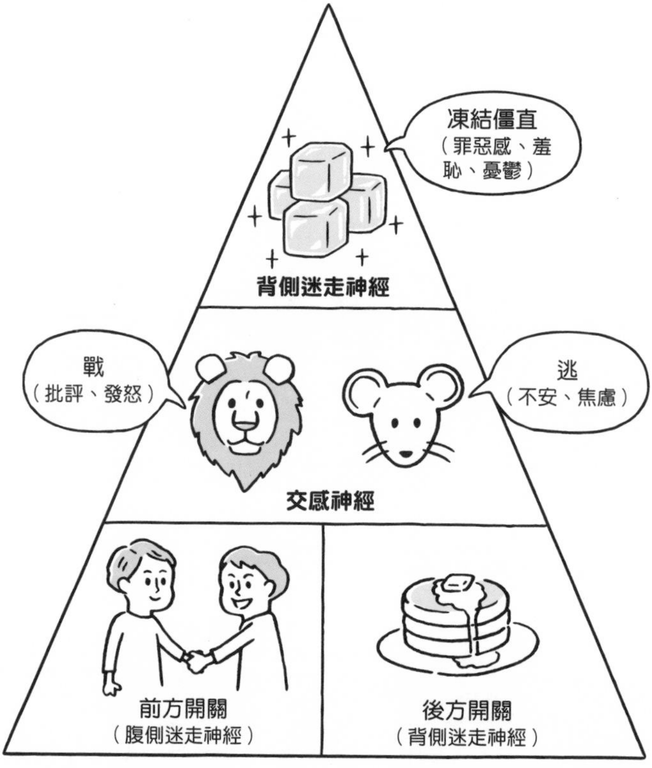
凍結僵直
（罪惡感、羞恥、憂鬱）
背側迷走神經
戰
（批評、發怒）
逃
（不安、焦慮）
交感神經
前方開關
（腹側迷走神經）
後方開關
（背側迷走神經）

人（或者說是所有哺乳類動物）有時候會遇到光靠交感神經無法應變的情況。

當戰或逃反而會讓自己陷入窮途末路（以動物來說，就是死），我們會進入「凍結僵直模式」，做為最終的保存戰力法。

實際上，動物會為了抵禦外敵而「裝死」，而「凍結僵直」就是副交感神經用來保護自己的最終手段。

一旦進入這種狀態，「維持生命」就成了唯一目標，所有活動都會變得遲緩。換句話說，人會陷入低能量狀態，變得憂鬱或閉門不出。

基本上，我們居住在和平的日本，原本只有在遇到生命危險時才須要啟動這個模式。

真要說起來，交感神經的**「戰或逃模式」**在日常生活中不會經常用上。

此外，在交感神經踩油門之後，本來應該要慢慢煞車，切換成「休息消化模式」或「連結模式」來放鬆才對。

然而，若沒有好好保養副交感神經，就無法慢慢踩煞車，只能用有如緊急煞車的「凍結僵直模式」停下來。現況是，很多人都過度使用油門和緊急煞車，因而疲憊不堪。

後方開關與前方開關的關係

副交感神經的基礎是由後方開關的「休息消化模式」和前方開關的「連結模式」組合而成。

我先前提過，在慢慢停下來的煞車中，**最溫和、性能最好的，就是前方開關的「連結模式」**。

若負責掌管人際關係的前方開關充分發揮功能，我們就能對自己內在的情感和反應抱持「客觀性」。

例如能在陷入恐慌時客觀看待自己的處境，讓恐慌不再擴大，並漸漸平息。

或者是，即使短暫進入「凍結僵直模式」，我們仍然能確認自己是安全的，於是就能自然回到金字塔下層，亦即由副交感神經主宰的狀態。

因此，在承受壓力或感到緊張之後，只要進入「連結模式」，心跳就會穩定下降。

不過，**前方開關並不是天生就有，而是在成長過程中逐漸發展出來的**。實情是，有太多人的前方開關都沒有好好發展。

相較之下，**後方開關則是每個人天生都擁有**。

原因是，它要負責維護身體，在遇到最糟糕的狀況時進入「凍結僵直模式」來保護自己，這對維持生命來說是絕對不可或缺的。

然而，有很多人都用錯誤的方式使用後方開關，明明只要獨處並放鬆即可，卻進入了「凍結僵直模式」。

之所以會如此，可以說現代環境也是主要因素。

每天搭車人擠人、暴露在電腦或手機等電子產品的電磁波中、周遭充滿了化學物質、攝取過量的咖啡因等等，都會讓神經經常處於興奮狀態，很少有機會能恢復平穩。

在第二部的小練習中，我們會優先培育後方開關。

雖然前方開關也十分重要，但若後方開關不夠勇健，就無法培育前方開關。

若要進入「連結模式」，就必須先充實「獨處也能獲得充分休息」的神經。

總之，先從我們天生就有的神經開始培育起吧！

接下來，我們來看看做了小練習能讓神經產生什麼變化。

神經會產生的變化

如同前面所述，交感神經與副交感神經原本應該要像翹翹板一樣，在運作時取得平衡，以此維護我們的身心健康。

而**當我們身心都健康，翹翹板擺動的幅度就會趨於穩定**。

以工作為例，若被要求負責做簡報，或被指出業績不夠好，任誰都會感到緊張，使交感神經進入「戰或逃模式」。

這時，若能不過度放大這種緊張感，而是先喝杯茶，適度看待這股壓力，就代表神經處於健全狀態。

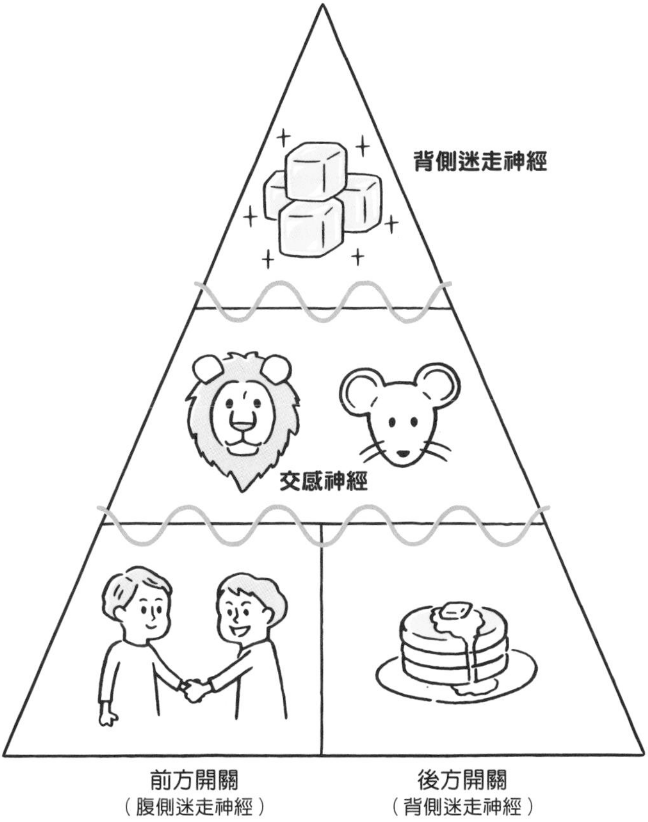
背側迷走神經
交感神經
前方開關
（腹側迷走神經）
後方開關
（背側迷走神經）

主動讓神經進入「休息消化模式」或與人閒聊的「連結模式」，能夠讓交感神經趨於冷靜。

自律神經理想的運作模式就是要像在某條剛剛好的水平線上，穩定地反覆高高低低。

可是，很多人都把自己的職責看得太重，只要別人稍微指出其錯誤就反應過度，**使得交感神經的「戰或逃模式」變成常態，或者是頻繁來往於「凍結僵直模式」**。

當這種情況長時間持續，活力和免疫反應都會變得很差，導致出現強烈的疲勞感、有氣無力、憂鬱或閉門不出。

我再強調一次，交感神經與副交感神經輪流高高低低才是健全的狀態。

重點在於**如何使其達到平衡**。

為了讓兩者在下層的水平線上交互高低，就必須先打好副交感神經的基礎。

抗壓性會變高

如同人們常說的，生活中必須有適度的壓力。

例如，必須在工作場合做簡報就是一種壓力。

因為有壓力，我們才會為了解決問題而努力，適度的緊張感還會正面的提高情緒。

但是，若壓力太大，交感神經就會居高不下，使人焦慮或不安到了極點，或者是陷入過度保存戰力的「凍結僵直模式」。

那麼，要如何測量壓力的大小呢？

即使要做的簡報內容相同，對A來說那可能是成長的養分，但對B來說卻可能痛苦到足以擊潰他。

也就是說，**每個人對壓力的「耐受範圍」本就有所差異**。

先稍微施加負荷，再讓神經休息，亦即**給予交感神經不至於崩潰的適度刺激，再回到副交感神經做主的狀態——如此反覆進行，就能逐漸擴大「耐受範圍」**（左圖是作為基礎的副交感神經與交感神經所占範圍變大的狀態）。

若「耐受範圍」變大，人對於從前自認辦不到的事情，就會覺得好像有辦法做到。

實際上，能夠挑戰的範圍和留下的成果都會變大。

此外，對於生活中的各種壓力，我們也能夠預測「我到這裡是沒問題的」，不再會一味心懷恐懼。

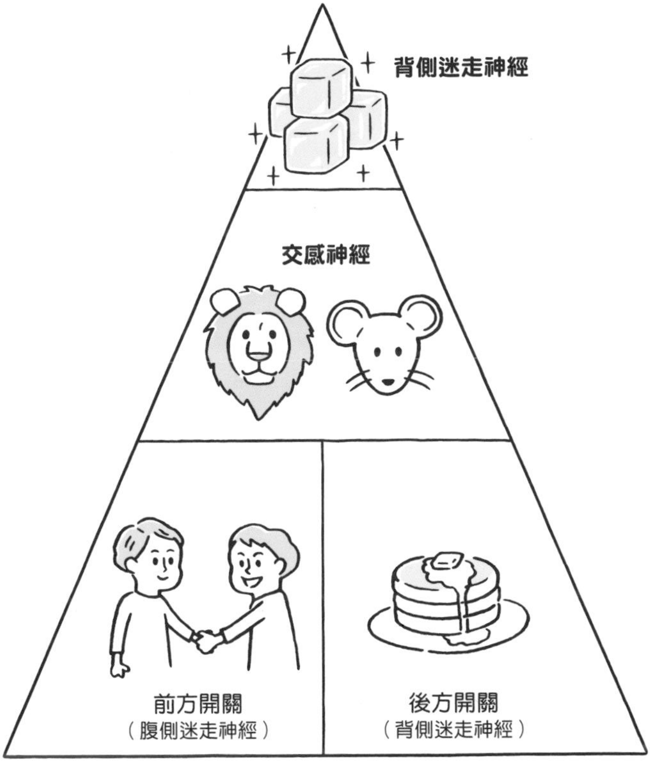
背側迷走神經
交感神經
前方開關
（腹側迷走神經）
後方開關
（背側迷走神經）

不把交感神經的高亢當成「恐懼感」

我再重複一次，交感神經和副交感神經的運作要保持良好的平衡。當我們在工作上做出成績、墜入愛河或和朋友共度愉快的時光，交感神經就會活躍起來。為了度過充實的人生，交感神經必須處於剛剛好的興奮狀態。

而且，我們還得清楚區分交感神經的高亢狀態究竟是「興奮」還是「恐懼」。

否則，**「興奮」這種良好的刺激將會化為「恐懼」**。

請大家回想一下小時候玩的遊戲，很多都在比輸贏，例如捉迷藏、占地盤遊戲和躲避球等等。

雖然有時候會受點小傷，但還是每天都玩得很開心，這就是興奮。

我們玩戰隊遊戲時雖然會戰鬥，但心裡很明白自己不會真的死掉。換句話說，自己的內心以及和他人間的人際關係中都有著「安心」「安全」的系統。

諸如此類，若童年時期能和其他人玩耍，從中嘗到不同於「恐懼」的「興奮感」，長大成人後就能對旁人保有一定的信賴感。

也就是說，這樣的人能夠輕鬆進入「連結模式」。

另一方面，若個人難以獲得安心感和安全感，就會變得不擅長分辨興奮和恐懼，在應該要感到興奮的情境下卻被恐懼所支配。例如勃起性功能障礙或性交恐懼症就是典型的例子。

從這個角度來看，我們最好要**鍛鍊前方開關，讓「連結模式」更加穩固**。

做同一件事能更輕鬆

工作、家事、社交……我們每天都有許多不得不處理的事務。

舉例來說，有人在寫企劃案時，交感神經的高度中等，但在做簡報時則是處於相當高的位置。

這就代表，若要完成這些事務，就會承受相當大的緊繃感。

然而，在調節自律神經之後，同樣在交感神經支撐下，就能完成這兩者而不被擊潰。從前，做簡報會讓人緊張到快要承受不住，但之後或許僅止於心跳加速。

如上所述，若神經具有「可預測性」，我們漸漸地就能在交感神經放鬆的狀態下做簡報，至於寫企劃案時，則是在副交感神經的「連結模式」下完成。

這樣一來，不必大幅動用到交感神經就能做到許多事。以前須要拿出一二〇％力氣，在緊張或亢奮下才能勉強辦到的事，在調理自律神經之後，**只需要不到八〇％的精力就能充分辦到**。

我自己以前也是，想專注在某件事上時，就須要用力的想著：「不得不做。」

在這個階段，交感神經運作起來相當吃力，事情做完之後總是精疲力盡，有一段時間會精神渙散，需要時間才能恢復。

然而，我現在卻能在「連結狀態」下，抱著「那就來做吧」的心態，自然而然地專心做事。

於是，我得以打造出身心都不疲倦、有餘力樂在其中的正面循環。

活在「當下」＝有備無患

如同壓力無法歸零，不安也無法完全消除。

擔心自己下半輩子的經濟和健康，想著：「我還能健健康康活到幾歲呢？」

擔心自己的工作，心想：「繼續從事這一行真的好嗎？我能做到幾歲呢？」

懷疑「這個人真的是我的真愛嗎？我們還能夠在一起多久？」擔心自己和伴侶之間的關係。

或者是憂心「我的孩子整天滑手機，都不唸書，將來有出息嗎？」等等。會有這些不安都是很自然的。

因為會不安，我們才能「未雨綢繆」。

雖然我們須要做些適當的準備，但不須要被不安吞噬。

以養老金為例，假如我們擁有「可預測性」，就能精準存下所需的存款，同時把金錢用來享受人生。

相較之下，要是被不安所吞噬，就會不敢花錢，每天的日子都過得很無趣。

此外，只要前方開關夠強韌，即使擔心自己會孤獨死，也能夠巧妙善用旁人的幫助或社會福利。若能與人連結，就能體會到自己還是有支柱的。

若你現在身邊有伴侶和子女，但仍然擔心將來不知會如何，在調理過神經之後，不安襲上心頭的時間將會縮短，能夠感受到自己和旁人的連結，於是最終將能安心，認為「有了這些人際連結，應該就能得到某些幫助」。

這當然並沒有百分之百的保證。

但是，只要你的神經對別人也擁有「可預測性」，前方開關的連結模式就會更加深厚、更豐富，讓你不再被不安的情緒牽著鼻子走，或被它壓垮。

說到底，唯有活在「當下」才能抹去對「未來」的不安，但**我們卻受到痛苦的「過去」所支配**。

過去明明有許多快樂的事，但我們卻不聚焦在那些事上面，反而在腦海中自動重播討厭的事情。

想起討厭的往事會發動交感神經的「戰或逃模式」或副交感神經的「凍結僵直模式」，這是自律神經的習性。

然後，人就會用「備戰模式」去面對現在和未來，擅自創造出一個與現實不符的糟糕世界。

例如覺得「那時候真不甘心」「那時候被惡意對待了」等事，在現在和將來肯定也會讓我感到不甘心或被人惡意對待，所以必須先採取對策……。

實際上，那個人可能是真的有惡意，但你現在能夠採取和小時候或從前不一樣的對策了。

其實你現在是安全的，但因為沒有想出對策，所以總是處於「備戰模式」。

透過小練習，成功獲得舒暢的「心靈・身體・人際關係」的實例

在這一節，我要介紹幾位成功培養「安心感」的個案，他們都是透過小練習擺脫了前面提到的「備戰模式」。

四十歲的未菜小姐和丈夫兩人住在東京，她任職於食品製造商的行銷部門。

她初次來到我的治療所時，主要有下面這些煩惱。

- 在做簡報或開會時過度緊張，就連平時做事也用力太過。
- 無論在職場或私底下都太在意別人的反應，事後感到筋疲力盡。
- 很在意自己打不進別人的圈子。

●肩膀嚴重痠痛，體質虛寒。
●或許是因為太疲勞，週末都動彈不得。
●對刺激很敏感，容易被聲光和人影響。

她給我的第一印象是打招呼時彬彬有禮。

接著，她開口第一句話就是：「我前幾天聽了您關於神經的演講，那簡直就是在說我！」

之後，她對我訴說前面提到的那些煩惱，還說：「我夢想著轉行，但不敢踏出一步。」

在與她深談的過程中，我感覺到她那過度緊張與疲勞的神經模式已經根深蒂固，有必要加以改善，於是我告訴她：「我們先以培育神經的基礎（安心的種子）為目標吧！」

我要先藉此消除她的慢性疲勞。接著，為了加強她對刺激的耐受性，要「預先儲存能量」。

要照顧好「神經的基礎（安心的種子）」需要多久時間呢？
這一點當然因人而異。
以前言開頭列出來的檢核項目為例，**符合四項以下需要兩個月**（處於神經過度亢奮的狀態）。
符合五到九項的人需要四個月（這類人的神經已經脫離過度亢奮狀態，正處於「凍結僵直模式」）。
假如符合十項以上，所需時間大概是半年（處於「神經過度亢奮」與「凍結僵直模式」兩者同時發生的狀態）。
所需的改善時間和下列這兩點有很大的關聯。

①「神經的基礎（安心的種子）」培育到什麼程度？
身心進入了多麼「安心」的狀態（神經的調節能力與抗壓性）？
②個人的身心有多麼「整合」？

當事人是否能觀照自己的情緒和思緒？能夠將這些視為是屬於自己的嗎？

以未菜小姐為例，她從推拿、按摩到心理諮商都嘗試過，但身心狀態仍然沒有改善，因此我暫且把所需時間設為六個月。

我提議「採用以調理神經為目的之治療性觸摸」（本書所解說的小練習以此為準），並且請她在日常生活中實踐能培育安心種子的小練習。

在療程中，我先請未菜小姐仰躺在按摩床上，在她的小腿上施加壓力（參見第一〇六頁的「在小腿上放重物」），然後觸摸她的腎臟、消化器官和腦幹（參見第八十頁「將手掌貼在腎臟處」、第八十六頁「用手掌溫熱腹部」與第一〇四頁的「觸摸腦幹」）。

未菜小姐在第一次療程中，就感覺到「有種從前不曾體會到的神奇感受，好放鬆但又充滿活力」。

這代表她的緊張與疲勞已經出現了改變。

這一次，我給末菜小姐的作業是儲存能量（參見第八十三頁的「儲存休息時間」）。

療程重複多次之後，她告訴我：「我察覺自己很緊繃，也掌握到了放鬆的感覺。」儘管還是會感覺疲倦，但不再像以前那樣，在週末時動彈不得了。

三個月後，她說：「我感受到刺激稍微強了一些。」

改善最多的地方是，她在與人相處時不再過度疲勞，也不再像以前那樣，擔心自己事後還能剩下多少精力。

六個月後，她變得能夠敞開心胸說笑話，也越來越常放聲大笑。

末菜小姐後來辭掉工作，如今已經實現成為自由食品顧問的夢想。她過得比從前更有活力，也能放鬆享受生活。

此外，她還得到旁人的幫助，也學會仰賴別人。

未菜小姐持之以恆地鍛鍊兩種開關，無論獨處或和他人相處都能感到安心。

接下來，我要介紹三十五歲愛梨小姐的故事，她是一位任職於廣告代理商的職業婦女。

愛梨小姐的生活極為忙碌，她總是煩躁不安，就連假日都靜不下來，壓力和身體狀況讓她陷入恐慌，既不敢搭電車，也戒不掉滑手機的習慣。

我請愛梨小姐用軀體感覺去感受焦躁感是如何平息下來的，並且將那種感受灌輸進體內，此外還要進行鍛鍊後方開關的小練習。

她特別喜歡的小練習是「觀察『緩慢移動的事物』」（參見第一二〇頁）。

愛梨小姐的煩躁感中應該也包括焦慮。據她所說，生活中出現步調慢的事物會讓她感到不快。

然而，她逐漸能忍受這種不快，就連平時也能夠品味到在療程中得到的安穩感。

此外，當她在家忍不住想要滑手機，就坐在瑜伽球上滑。到了假日，她很自然地就不想玩社群軟體了。

當她快要陷入恐慌，就在腦海中哼歌，或是倒數數字，藉此增加了能等候這段不舒服狀態過去的時刻。

最後，我要為大家介紹四十三歲的美甲師香代子小姐。

她最大的煩惱是人際關係，尤其不擅長接待，她非常介意自己在工作上無法順暢和客人閒聊這點。她面容姣好，卻沒什麼表情，說話也很小聲。

我請她稍微刺激前方開關，去感受它「安定但清醒的狀態」，並且在此之後與人對話，如此反覆進行。

此外，我給她的作業是要實踐好幾種小練習，以及在餐飲店之類的場合，比以前更大聲地說「我吃飽了」「不好意思」和「謝謝」。

經過兩個月之後，她說話的聲音和表情都出現了變化，人際交流變得比以前更順暢了。

六個月後，她的目光變得炯炯有神，笑容也更加美麗，而且她還告訴我自己有著獨立創業的夢想。

兩年後，香代子小姐實現了夢想，開了間自己的美甲店。

培育開關的步驟

本書將要在第二部介紹能刺激前方開關和後方開關的小練習，以此來培育安心的種子（基礎）。

進行那些小練習時，**請先從後方開關開始**。

原因是，當你的身心承受巨大壓力或有煩惱，就代表**你沒有時間獨處和保養身心**。

這時，我們要先保養相當於神經基礎的後方開關。

後方開關負責「休息」和「消化」，無時無刻都在後端維持我們的生命。

它就像是房子裡的電力、瓦斯和自來水。

透過獨處並進行這些小練習，就能為身心補充能量。

雖然很突然，但請問各位有沒有聽過連續劇《孤獨的美食家》的開場白呢？

「不被世間和社會所束縛，幸福地填飽肚子的時候，短時間內變得隨心所欲，變得自由，誰也不打擾，毫不費神地吃東西的這種孤高行為……。」＊這段話將後方開關的功能表達得簡單明瞭。

在和別人自在相處之前，自己要先擁有獨處的安心感。

因獨處時所獲得的安心感而改善內臟狀態時，與人的交際便不再是負擔。

這樣一來，我們就不會基於憂慮和不安而追求與他人連結，而是**想要和別人同享安穩和喜悅**。

當我們感覺「有休息到」「飯好好吃」「今天能抑制下不安和憂

＊註：引用自電視劇《孤獨的美食家》。

慮的情緒」，就是後方開關很充實的證據。

達到這種境界之後，接著再進行培育前方開關的小練習。

鍛鍊內感受

我先前提過，本書所傳授的小練習是要改善「內感受」，藉此以有效運用後方開關和前方開關。

相對於「感官」屬於「外感受」，內感受則是內臟等身體內側所獲得的感覺。

你可能覺得發動內感受聽起來很不切實際，但我們的內臟原本就是由交感神經與副交感神經掌控，亦即聽從自律神經的指令在活動。

舉例來說，當交感神經運作，就會抑制胃腸消化；當副交感神經發揮作用，就會促進消化。支氣管會在交感神經運作時擴張，在副交感神經運作時收縮。

如上所述，包括心臟到肌肉在內，身體的所有部位都和自律神經關係匪淺。所以可以透過從身體內側感受到「正在調整」和「舒適」的感覺，來培育神經的基礎。

後方開關（背側迷走神經）和前方開關（腹側迷走神經）分布在身體各處。

在這些迷走神經當中，腦部下達到末梢的指令只有大約一〇至二〇%。相較之下，大約有八〇到九〇%的刺激是從末梢傳到腦，有著「傳入」的特性。

換句話說，表面上似乎是腦在掌控我們的身體，但其實我們可以透過改善身體的感覺來改變腦部狀態。

第二部的小練習會徹底刺激迷走神經。

每一項練習都很簡單。

讀者不必每一項練習都做，只要在日常生活中實踐你辦得到和有興趣的項目即可。

我再強調一次，重點在於：

①要在日常生活中實踐。

②要當作對症療法來使用。

以這兩點為主軸，持之以恆地去做。

只要持續做，就能確實培育好神經的基礎。

如此一來，就能感受到存在於自己內心的「安心感」，在某種程度上就可以靠自己掌控與自律神經共處的方式，並好好照護神經。

換句話說，你知道時時都能回歸基礎，有選項可以選擇是要靠前方開關還是後方開關來休息。

若能達到這個境界，原本讓你覺得「莫可奈何」的自律神經，就會變得「稍微能夠靠自己掌控」。

第2部

培育「安心」的兩個開關・四十七個小練習

First

培育後方開關的十八個小練習
～自我紓壓，放鬆身心～

首先，我們來試著進行培育後方開關（背側迷走神經）的小練習。這能讓身體進入「休息消化模式」，也就是培養靠自己放鬆的能力。

當我們吃到喜歡的食物、悠閒地泡澡或躺進被窩，很自然地就能放鬆。

透過簡單的小練習就能強化這種「放鬆的能力」。

此外，後方開關主要行經腹部，因此溫和地給予刺激會很有效。當你感到焦慮、亢奮，交感神經過度活化，後方開關會運作，試圖平息它。然而，假如「休息消化模式」不夠健全，就會陷入不得不用上「凍結僵直模式」的狀況。

不過，只要在日常生活中逐步實踐書中介紹的小練習，即使遇到交感神經過度興奮的情況，也不會進入「凍結僵直模式」，而是進入「休息消化模式」，身體將會做出「想要獨處放鬆」的反應。

將手掌貼在腎臟處

人的腎臟在腰部上方左右各有一個，是後方開關通過的器官之一。因此，只要發動「內感受」來促進腎臟功能，就能培育出健全的「休息消化模式」。

如左圖所示，將雙手手掌放在腎臟的位置，並感受手心的溫度。這個練習可以坐著進行，但**最好是在睡前平躺著進行**。**因著重力，腎臟會變成像是在手掌上休息的形式，這樣做更容易感受到成效**。

除此之外，若能以這樣的姿勢入睡也不錯。

實際上，將手掌貼在腎臟的位置能夠減緩腎上腺素分泌，進而睡得更沉。

但是，與其用手直接接觸腰部皮膚，不如隔著衣物，如此會更容易感受到自己正逐漸鎮定下來。

或許有讀者一開始會迷惘著：「腎臟在哪裡？」這時只要用手摸索腰部稍微往

上的位置，若有讓你覺得：「啊！這附近摸起來好舒服，莫名讓人感到安心。」的地方就ＯＫ。

習慣之後，你甚至能感覺到腎臟的脈動。

若能像這樣和腎臟熟悉起來，就會發現，安心的感覺加深了。

儲存「休息時間」

你是不是經常疲倦不堪呢？

例如一和人會面就顧慮太多，週末累得動不了，「一大早就提不起勁～」等等。

若你覺得疲勞已經慢性化，請試著**每天晚上重複去做上一節的練習「將手掌貼在腎臟處」**。建議可以將身體感受到輕鬆，以及特別平靜的經驗灌輸進大腦和身體內。

請大家**透過反覆進行像這樣的休息時間來儲備休息**。

頻繁使用「凍結僵直模式」是造成疲勞體質的原因，一點一滴地累積「舒適感」，將能戒掉頻繁使用這個模式的習慣。

此外，要特別注意的是，**在能量枯竭之前休息**。

這是自己的節能方式。

只要好好實踐「將手掌貼在腎臟處」，以及勤於休息的「儲存休息時間」這兩個練習，你將會感到自己變得不容易疲勞了。

而且，你也會發現自己逐漸不再為疲勞所苦，切換成是有活力、不會用盡能量的狀態。

用手掌溫熱腹部

後方開關的「休息消化模式」和「腹部」有很大的關聯。

如同「消化」的字面所示，這條神經通過了大腸和小腸。

只要是肚臍附近的部位都可以，請將手掌貼在上面。若用熱敷當然也很好。

光是如此，就能促進「休息消化模式」。

當你得以放鬆、狀況良好，**應該能夠透過手掌感受到腸子在蠕動**。

這完全就是在促進「休息消化模式」的證據。

相反地，當你承受很大的壓力，應該會感覺到腹部變硬。

即使遇到這種情況也別擔心，只要把自己的手掌放在肚子上一陣子，腸子就會開始蠕動。

此外，在還沒有習慣時，先不要直接用手掌碰觸腹部的皮膚。

為了不要給予腹部太大

的刺激，建議以「隔著衣服慢慢溫熱肚子」的要點來進行。

專注在腸子的蠕動上

這一節的內容稍微有些進階。習慣了摸肚子之後，**你會自然而然地感覺到腸子的蠕動**。

腸子蠕動時會發出「咕嚕」的聲因，這稱為「腸鳴音」。

一般人通常認為腦會傳送資訊到各個器官，但其實腸子也會傳送許多資訊到腦部。

實際上，若用手掌貼著腸胃，並且用一定的節奏呼吸，很多人就會覺得自己處在安穩的狀態中，並感到安心。

如此一來，很多時候，就連原本很在意聲光或氣味等刺激的人，往往也會**變得不那麼敏感**。

我很推薦這個方法給一與人會面就會顧慮過多，因而受到太多刺激感到疲憊不堪的人。

透過改善腸子的神經，就能增加對刺激的耐受性，這聽起來很不可思議，但當身體內在的調節能力越好，對環境或他人的敏感度就越低。

若一個原本很敏感的人，得以將浪費掉的精力改用到其他事物上，或是樂於和知心親友相聚，那就再好不過了！

保留放空的時間

野生動物要是放空，就會遭到外敵襲擊。

能夠「放空」，是在某種程度上確保夠安全的「人類社會」才有的無上幸福。

因此，**大家平常就要留時間放空，品味這種幸福**。

尤其是在承受某種壓力之後，這樣的時間更是重要。

隨著逐漸建立起安心感的基礎，你應該能確切感受到，**憤怒、悲傷、恐懼、慌張等這些由腎上腺素分泌所引發的興奮，只要過了五到十五分鐘就會平息**。

我建議大家要勤快且刻意地保留時間，好讓興奮的神經能夠恢復

平靜。

儘管如此，現代人要是不滑手機等不做些什麼事就無法冷靜下來，往往會有「放空這種事，我還真不知道該怎麼做」的傾向。

這種時候，即使只有二十分鐘也可以，

就在筆記本上寫下「開啟後方開關的時間」，**將開啟這個模式的時間排入行程表中吧**。

倘若你已經進入凍結僵直模式，一個人待在房間裡反而靜不下心來，建議也可以去咖啡廳，在人群中放空。

想像吃飽的感覺

我們吃到美味的食物時會感到幸福。

這是因為，後方開關的「休息消化模式」受到刺激，有良好的訊號送往腦部。

現在，「限醣飲食法」頗受注重健康的族群矚目，我想讀者中或許也有人想要盡量少吃白飯等碳水化合物。

如果可以，比起在腦海中想像吃飽喝足的狀態，不如**請試著用肚子來想像**。

若能感受到這種滿足感，就能進一步磨練內感受。

如同第八十九頁所述，內臟其實也會將資訊送往腦部，而且比起

大腦將資訊送往內臟的能力還要強，因此**即使不實際進食，大腦也會感到幸福**。

當身心都獲得滿足而感到幸福，呼吸會加深，說不定還會感受到全身彷彿舒展開來般舒暢。

這些都是

已經將後方開關培育良好的證據。

在這個狀態中，有時就能進階到與他人更加深連結的階段（前方開關）。

保留午睡時間

許多拚命三郎都有一種傾向，會把身體操到能量燃燒殆盡。若做事時達到某種強度，的確能讓人獲得充實感，但**有時也會突然達到極限，使得精力枯竭**。

很多人會因此直接進入極度保存戰力的狀態——凍結僵直模式。

有沒有人是在平日火力全開，假日就累到完全動彈不得呢？

一旦進入「凍結僵直模式」，就必須休息到某種程度才能恢復。

因此，平時就要留意，不要將自己的精力燃燒殆盡。

為此，我們必須**睡得更多**。

話說回來，現代人長時間暴露在智慧型手機等電子產品的電磁波

中，神經一直維持在興奮狀態。若要讓大腦休息，就必須睡上八到十小時。

然而實際上，我們沒那麼多時間可以睡覺，所以要**運用午休時間**。據說睡午覺**恢復疲勞的功效，是夜間**

睡眠的三倍。

即使不躺下來，只是利用午餐時間趴在桌上閉目十分鐘也可以。

很多以為自己「睡眠充足」的人，其實幾乎所有都是不夠的，所以請試著注意閉上眼睛，安靜地度過十分鐘。

利用搭車時間閉目養神當然也可以。

喝花草茶

工作告一段落之後，你在休息時間會做些什麼呢？

你會不會喝咖啡或能量飲料等含有咖啡因的東西來消除疲勞、提振精神呢？

雖然我這麼說，但我自己也超級熱愛咖啡和甜點的組合。這簡直是無限迴圈。此外，我有時候還會品嚐「用喝的甜點」，例如加了成堆糖漿和鮮奶油的拿鐵咖啡，藉此恢復精神。

然而，咖啡因會刺激交感神經，使它維持在興奮狀態，結果便是累積更多疲勞感。

因此，即使只是偶爾也好，要不要改喝別的飲料呢？

我推薦大家喝的飲料是**溫開水，以及不含咖啡因的花草茶。**

請充分運用五大感官，用舌頭、鼻子和喉嚨感受花草茶的溫度、香氣與味道。這樣做除了能夠鍛鍊內感受，同時也能讓神經休息。

神經有一個很有趣的現象是，**只要減少了「明明想休息卻被迫興奮」的情況，它也會變得不太會提取出負面思考。**

觸摸腦幹

在脖子後方與後腦杓的交界處，有個名叫「腦幹」的中樞神經器官，前方開關和後方開關都會通過這裡。因此，若用手、軟墊或枕頭支撐這個地方，心情就會平靜許多。

用手去揉捏或按摩當然也可以，但光是觸摸就有效果。

在開完令人緊繃的會議之後，是不是有人會靠在椅背上，並且把雙手放在腦後呢？

那就是他在下意識中想讓神經休息。

若讀者遇到什麼煩躁的事，或是想要平復興奮的情緒，請用雙手觸摸腦幹，並閉上眼睛，假裝在想事情。

除了可用來當作對症療法，平常固定去觸摸腦幹也很有效果。

尤其是在**睡前五分鐘**，把手擺在後腦杓，就能讓活動了一天而過度清醒的神經休息，能夠安穩地入睡。

在小腿上放重物

對於有睡眠困擾的患者，除了觸摸腎臟和腦幹，**治療師有時還會用手去壓患者的小腿**，藉此平復興奮的交感神經。

有個方法能夠更簡便地自己執行，那就是利用重物。

具體來說，最理想的做法是用大約兩公斤的物體，完整覆蓋住兩隻小腿。

說到這裡，我最先想到的是米。躺下來後，可以將兩公斤重的袋裝米放在雙腳小腿上，光是這樣就很舒服。

保持這種狀態十分鐘之後，神經就會冷靜下來，開始想要睡覺。

這時，請把袋裝米從小腿上移開，並睡個好覺。

除了袋裝米，我另外也很推薦用蕎麥枕頭來做這個小練習。

也可以用毛巾包住厚重的書等來當作重物，但它或許不太貼合小腿的形狀。

此外，不一定非要是治療師來幫忙做

這練習，也可以請別人來幫忙做這個小練習，效果會更好。

因為，**「請別人幫忙抑制亢奮神經」的體驗，是在培育神經基礎時重要的過程**。

在好天氣的日子曬棉被

我們在夏天活力很旺盛，但從秋天到春天往往沒什麼精神。

我強烈建議大家在這段時期多多**曬棉被**。

剛曬好的棉被會留有太陽的味道和溫度，觸感很是軟綿綿。

鑽進剛曬過的棉被裡睡覺，嗅覺和觸覺等外感受會刺激內感受，使身體內部感到舒服，對於強健後方開關有很大的幫助。

還記得我小時候會整個人鑽進剛曬好的棉被裡，因而挨媽媽的罵，但小孩子就是講不聽。看來，即使沒有人教，人天生就知道「那裡是安穩的棲息之處」。

說不定有讀者已經想不起來自己上一次曬棉被是多久以前的事。

「曬棉被」給人一種等於是「象徵健康生活」的印象，對吧？雖然要花一些工夫，但效果超乎想像，而且不用花一毛錢。

養成在週末假日曬棉被的習慣，偶爾療癒自己吧！

看夕陽

我們的自律神經分成兩種，**為了在白天時精力充沛地活動，交感神經最好要處於優勢；到了傍晚，則要輪到副交感神經占優勢，這樣才理想**。

然而現實中卻有很多人的交感神經到了傍晚還是處於興奮狀態，或者是到了傍晚才慢慢活躍起來。

因此，我們要特地去感受從「交感神經占優勢」切換到「副交感神經占優勢」的時段。

舉例來說，無論你有多忙碌，即使搭著人擠人的大眾交通工具，**當太陽下山，還是要花一點時間看看夕陽**。

既然太陽即將下山，就表示輪到副交感神經占優勢的時間到了。你要認知到這一點，並**溫柔地提醒自己**：「是時候該讓興奮的神經冷靜下來了！」

假如錯過了看夕陽的時機，也可以**在**

房間裡凝視蠟燭的火光。

當家裡光線轉暗，交感神經占優勢的時段早就該結束了，但我們過著點日光燈的生活，所以感覺已經麻痺了。

有時候，不妨向北歐各國的人們學習，在自然的黑暗中看著蠟燭的火光。

試著「不做」

生活在步調如此迅速的現代社會，每個人每天都承受許多壓力，努力過日子。

許多人會把一天的行程塞滿，和時間賽跑。

可是這樣不免會讓人擔心，活力不知道什麼時候會枯竭。

你必須隨時保留一點能量，身心才能保持健康。

希望大家**維持在稍有餘裕的狀態**，別讓精力見底。

為此，各位平時在安排行程時，就要稍微保留一點空檔。

我推薦的方法是，與其列出「待辦清單」，不如列出「不做清單」。**假如一件事情並不緊急**，「明天再做也無妨」，**今天就不要做**。

請大家習慣這種有空檔、有餘裕的狀態，用閒暇時間來放空或喝花草茶。

剛開始，你可能會因為事情沒有全部做完而感到不放心。

雖然達成任務的極度興奮感和充實感

也很不錯，但你還是要去感受這種有餘力且「剛剛好」的感覺，之後將漸漸地能學會把事情延後。

進行「數位排毒」

各界都已經呼籲過「數位排毒」的重要性。

在「培育安心感」上，這方面也很重要，所以要盡可能在放假時關閉手機電源並收進抽屜裡，過著不碰手機的生活。

尤其**睡前一小時更是嚴禁滑手機**。不僅如此，就連電腦或電視都盡量別碰，**避免照射到藍光**。藍光會活化交感神經，妨礙睡眠。

此外，也不要一邊吃飯一邊看手機。

當我們盯著手機畫面，交感神經就會活化，於是身體會設法抑制它。而**身體會想以吃東西（進入消化模式）來作為抑制方法，導致吃得太多**。

最後，也別忘了不要過度沉迷於社群網站。

社群網站上或許有有趣的事，但也存在有會觸怒你的資訊。若是看到了令人不快的資訊，就要盡快轉移注意力。

不過，如

果一個愛貓人看著可愛貓咪的圖片能夠得到療癒，那倒是OK。

對於會讓自己平白無故進入「備戰狀態」的事物，我們最好要修正和它們共處的方式，並且去做會讓神經開心的事。

觀察「緩慢移動的事物」

諸如在電車離站前一刻衝進車廂、連按電梯的「關門」鍵等等，我們經常是被時間追著跑，凡事都急著想要「快點、快點」。

在交感神經活化的忙亂日常生活中，請刻意放慢步調吧。

對此，**我推薦的方法是「觀察緩慢移動的事物」**。

只要是緩慢移動的東西都可以，例如香檳和汽水的氣泡、雪花球中飄散的雪花，或水族箱打氣機打出來的氣體，花上一段時間看著這些緩慢移動的事物。

只要看三到五分鐘就夠了。自己就會漸漸感覺到「慢了下來」。

當你體會到放慢速度的感覺，身體就會在不知不覺中配合你所觀察的事物，開始慢慢地晃動。儘管大多數人都不會有所察覺，但這正是負責調節血壓的部位——壓力感受器——在正

常運作的證據。

這個練習適合用來當作煩躁不安時的對症療法，大家可以在辦公桌抽屜裡放個沙漏，或也可以選用會緩慢移動的電腦螢幕保護程式。

溫熱脖子四周

在脖子到鎖骨一帶，有一束名叫「臂神經叢」（brachial plexus）的神經通過，它和呼吸有很深的關聯。

很多人在進行電腦作業時往往會駝背，這會讓「臂神經叢」經常處於緊繃狀態。

這樣一來，**呼吸道就會不暢通，呼吸也會變淺**。

因此，我們要溫熱脖子四周。

熱敷能擴張脖子的血管，促進血液循環，緩和緊繃的臂神經叢。

這樣一來，**不僅呼吸起來會更輕鬆，還能解決肩頸僵硬的問題**。

現在，市面上有販售各種能以微波爐加熱後圍在脖子上的方便產品。除了可以活用這些商品，也可以使用熱毛巾。

此外，想要緩解極度的緊張或受到驚嚇時，具有速效性的對症療法是**觸摸脖子的頸動脈，以及比心臟略高處，亦即稱之為「高心輪」（High heart）的部位**。

只要這樣做，就能防止身體進入「凍結僵直模式」。

支撐脊椎

我們平時都在過著反抗重力的生活。

尤其是長時間坐在桌前工作時，為了抵抗重力並支撐身體，脊椎承受了很大的負荷。

若脊椎一直受力，肯定會刺激交感神經。

因此，請各位試著來做些小練習以讓脊椎休息，使副交感神經占優勢吧。

仰躺時，我們可以**在身體和床之間的縫隙塞入成團的毛巾來支撐脊椎，為它製造出近似無重力的狀態**。

這時，若能感覺到「有被支撐著」會更有效果。

採取坐姿時，**只要在背部與牆壁或椅子之間的空隙（包括腰部和脖子間的空隙）放個軟墊或毛巾**，就能讓脊椎休息。

大家不妨

在身邊放置喜歡的軟墊、枕頭、毛巾或毯子，用這些小物品來照護自己的神經。

試著刻意「放慢」動作

我們即使閉著眼睛，也能用手摸到自己的鼻子，這都是因為身體關節所擁有的「本體感覺」（proprioception）。

本體感覺和內感受間的關係密切，只要加以刺激，就能培育後方開關。

為此，大家平常就要尋找方便的時機，試著留心**刻意放慢自己的手腳動作**。

舉例來說，洗好餐具、擦乾再放回架上時，不妨以慢速模式去感受自己周圍的空間和動作。

一般人在處理家事這種算不上有趣的事務時多會加快動作，想要儘速完成。

但其實，越是讓你覺得「好麻煩喔～」的作業，就越要放慢速度仔細去做。

除了做家事，希望大家

在職場上也要好好利用這類瑣事、麻煩事，把它當作訓練本體感覺的好機會。

Second

鍛鍊前方開關的二十九個小練習

～培育連結模式，營造溫暖的人際關係～

培育完後方開關之後，我們接著來試著進行培育前方開關（腹側迷走神經）的練習。

前方開關的「連結模式」對高亢的交感神經而言是最好的煞車，因為我們能在社交中找到自己的安穩。

「連結模式」原本是最可靠、最令人安心的模式，但若包括前方開關在內的神經不夠完善，與人交往時就會伴隨著痛苦。

那麼，我們就來進行不必靠別人就能做到的小練習，藉此培育前方開關，進入「連結模式」。

除了前方開關的腹側迷走神經，社交時會用到的神經還包括將臉部、口腔與鼻腔感覺傳到腦部的「三叉神經」、做出臉部表情的「顏面神經」、用來發聲的「舌咽神經」，以及負責掌控頭部動作的「副神經」。

只要透過小練習來持續刺激這些神經，即使你原本不擅交際或是會緊張，也能學會自然地與人來往，讓「與人共處」變得輕鬆愉快。

此外，這樣子還能夠提高對自己的信賴感。

發出長長的「嗚嗚」聲

你知道船在進出港口時會發出嗚嗚的汽笛聲嗎？

那悠長的聲音，讓人聽了感覺很安心。

其實，只要模仿船隻的汽笛聲，就能培育前方開關。

一邊發出長長的「嗚嗚」聲，一邊用手觸摸喉嚨一帶，手指就能感覺到聲帶的振動。

前方開關通過咽喉和心臟，這樣做能對它施加良好的刺激。

由於前方開關也有行經耳朵，所以反覆發出嗚嗚聲能鎮定情緒。

做這個練習**能促使身體慢慢踩煞車，進而鍛鍊「連結模式」**。

因此，這樣做不僅能鎮靜心情，還能保持社交活力。

換句話說，自己將能處於活力充沛但又沉穩的理想狀態。

我建議大家養成先做這個練習再出門上班的習慣。

在大眾交通工具上東張西望

若要培育前方開關，重要的是要**認知到「自己正和周遭環境相互連結著」**。

然而，要是在這時對自己身處的狀況進行具體判斷，例如猜測「○○先生正在想什麼呢？」就會給交感神經帶來不必要的刺激，進而過於胡思亂想。

這時候，**別深入思考，而是張望一下四周吧**。

然後**試著說出三個你所看到的東西**。即使不是具體的東西，而是顏色、形狀或材質也沒關係。

此外，假如當下的場合讓你不方便出聲，只在心裡默念也可以。

我建議大家在大眾交通工具上做這個練習，因為這類場合充滿了社會存在（social existence）。

一大早搭車通勤時，我們往往滿腦子都在想當天的工作內容而心情憂鬱，所以要刻意將那些事拋到腦後，試著單純地觀察映入眼簾的事物吧。

「吊環、廣告、上班族、公事包、電車門、大叔、小學生、窗外的景色……」

即便觀察形狀或顏色而不是具體的東西也可以。

當你專心觀察四周，就能讓忙亂的思緒稍微暫停一下，不會再去想那些多餘的煩心事。

在零碎的時間中「呼」地吐氣

吸氣會刺激交感神經，吐氣則會刺激副交感神經。

因此，若要撫平情緒，「吐氣」就很重要。

各位可以利用工作的空檔，**試著「呼」地長長吐一口氣**。

這樣一來，為了抑制亢奮狀態而頻繁用上緊急煞車的情況就會減少，變得能夠慢慢地踩煞車。

先從嘴巴吐出長長的一口氣，接著從鼻子吸氣，然後再從嘴巴長長地吐氣。只要如此進行幾次，就能緩和緊張和焦躁。

這時候，只要**在用嘴巴呼吸時，以如讓氣流吹向下唇的感覺吐氣**，就能刺激咽喉，使前方開關更強韌。

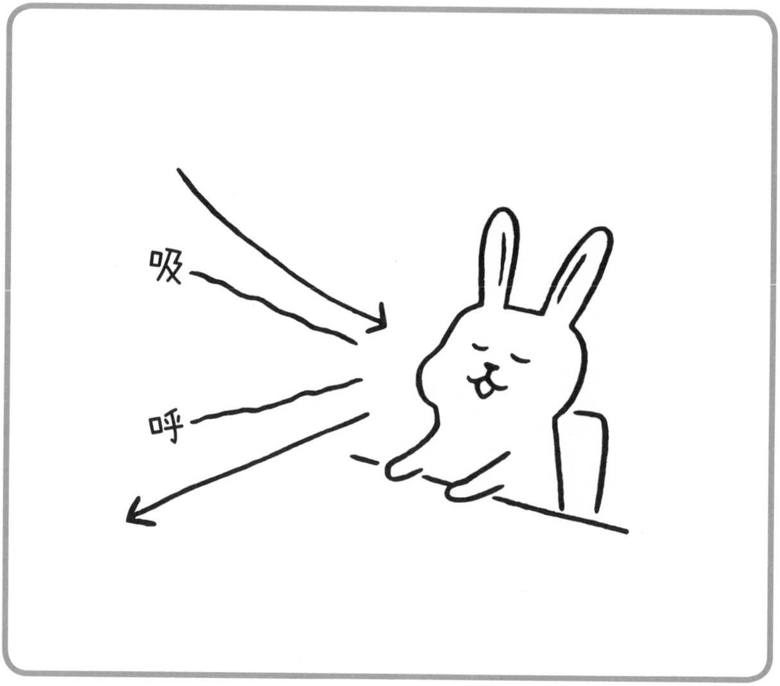

然而，要是包括前方開關在內的神經不夠健全，吐氣時或許就無法吹中嘴唇，動作起來會很不自然。

即使如此也不必在意，只要習慣就會成自然。

順便一提，若是用鼻子來

做這個吐氣練習，就會產生類似做瑜伽時的功效，鍛鍊到後方開關。

在廁所裡擠出「酸梅臉」

很多人都因為要與人見面而感到疲憊。

可是，我們不僅工作上不得不與人開會商討，上班時間外也必須面對朋友。如此硬撐將會讓自己陷入遠離「連結模式」的惡性循環。

遇到這種情況，就要用上臉部所有肌肉，以打開前方開關。

模仿吃到酸梅時覺得「很酸」的表情，**用力把眼睛和嘴巴擠向臉部中央，維持三秒鐘**。

我想這個練習應該很難在別人面前做，所以就在廁所裡等沒人看見的地方進行吧。只要用力，就能拉動額頭、臉頰和嘴巴四周的肌肉。

此外，我還建議大家在鏡子前瞇著眼睛進行這個練習，試著看看自己的臉。這樣做或許會讓你忍不住噗哧一笑，心情也跟著好轉。

此外，碰到像是「啊～接下來要和

〇〇先生碰面，心情好沉重」時，只要在出門前或臨見面前做這個練習，或許就能減輕事後的疲勞。

給臉頰溫度刺激

想要休息一下時，你是不是會在無意間用手撐住臉頰呢？

只要刺激臉頰，就能感受到鬆一口氣。

這能培育前方的開關。

我們的身體就是會下意識地想要獲取安心感。

若要給臉頰更好的刺激，就要**讓它感受到舒適的溫度**。

請試著在天氣炎熱時用冰涼的物體，寒冷時則是用溫熱的東西貼著臉頰。光是這樣做，就會莫名讓人放鬆。

可以用暖暖包或爆冰包等市售產品，也可以將毛巾泡熱水或冷水

後再貼著臉頰都行。

又或者也可以利用自動販賣機的飲料。別馬上喝掉噹啷掉下來的商品，而是用它暫時貼著臉頰來培育前方開關吧。

動動眼睛和眉毛

試著在鏡子前抬起眉毛或睜大眼睛吧。

透過活動臉部表情肌能刺激顏面神經，而這也能培育前方開關。

眼睛周圍有著名叫「眼輪匝肌」（Orbicularis oculi muscle）的肌肉，多鍛鍊它能讓眼睛的表情更為豐富。目前已知，**沉穩的眼神是能為他人帶來安心感**的一大要素。

在動物界，某些物種的眼睛四周具有特徵，例如有些猴子只有眼輪匝肌的部分是白色的，一般認為，**這是為了讓同伴安心，避免爭端地存活下來**。

人類也一樣，透過在眼睛中透漏出沉穩等豐富的表情，就能讓身

邊的人感覺到安心，免於激起對方無謂的防衛本能。

這樣做不僅能夠**穩定人際關係，你自己的內心狀態應該也會變得很舒暢**。

尤其是須要戴口罩時，我們無法展露

嘴角的笑容，只能靠眼神。
因此，我們要刻意活動「眼輪匝肌」，試著對人發送安心的訊號。

說話語氣要有抑揚頓挫

為了與人交往時能順利無礙，大家最好要使用讓人聽起來舒服的說話方式。

其中，**語氣的「抑揚頓挫」很重要**。

真要說起來，如果能夠用稍微高昂且具有抑揚頓挫的語氣說話，不僅很吸引人，而且不會聽膩。

無論是求學時期聽老師上課，或是出社會後參與會議和講座，要是講者說話語氣平淡、沒有抑揚頓挫，聽眾就會覺得無聊想睡覺。

因此，我在催眠時會刻意採用這樣的說話方式。

可是，若想要進入「連結模式」，就要盡量採用具有抑揚頓挫的

說話方式。

這樣做將會充分運用到臉部肌肉，也能夠鍛鍊前方開關。

說話方式是一種習慣，**所以大家平時就要留意，說話時要流暢又有抑揚頓挫。**

像是貴婦松子[*1]和阿佐

谷姊妹*2都是很好的範本唷。

*註1：貴婦松子，日本評論家、主持人、專欄作家。

*註2：阿佐谷姊妹，日本搞笑組合。

用悠長的音調打招呼

我想，大多數人在起床後或進公司時都會向人打招呼。

光是改變打招呼的方式，就能培育前方開關。

山里亮太先生曾在晨間資訊節目《SUKKIRI》擔任「旁白」，是個值得學習如何打招呼的範例。

他用了有抑揚頓挫又開朗的語氣說：

「大─家─早───安！」

山里先生的音色並非特別悅耳，但加入了心意，音調悠揚。

在打招呼時會拉動臉部肌肉，就能培育前方開關。

假如你獨居，又在家上班，不妨在早上醒來時**對自己說「早安——！」**我想這樣做應該能讓你神清氣爽地迎接早晨。

除了說早安，大家去餐飲店、超商或搭計程車時，還可以說「多謝招待！」或「非常感謝♪」。

這時候，要加入感情地爽朗打招呼喔！

聆聽小提琴（弦樂器）的音色

耳朵內部有前方開關通過，特別擅長捕捉又高又長的聲音。聆聽這樣的聲音能刺激中耳的肌肉，培育前方開關。

說到拉得很長的高音，首先會讓人聯想到的就是歌劇歌手的歌聲。民謠或演歌也很常用轉音或抖音，說不定效果也意外地很不錯。

但是，假如包括前方開關在內的神經不夠強韌，聽到人聲可能反而會更疲憊。

這時候，我建議大家**聽弦樂器的音色**。

在弦樂器中，小提琴能演奏出比較高的聲音。在這個時代，不必特地去聽古典音樂會，只要上YouTube就能聽到知名小提琴家的演奏。

我推薦〈查爾達斯舞曲〉（*Csárdás*）〈泰伊思冥想曲〉

（*Méditation*）和〈G 弦上的詠嘆調〉（*Air On The G String*）。

用高音回應別人

和別人對話時，我們做出的回應多到數不清。

但正因為這太稀鬆平常，所以我們大多沒有意識到自己正在回應別人。

你平常都是怎麼回應別人的呢？

試著用高音回應，並觀察對方的反應吧。**高聲回應對交談對象而言，是種「安心、安全的訊號」**。

若旁人感到「安心、安全」，你自己受到傷害或遭到攻擊等的危險機率也會下降。

換句話說，**對方的「安心、安全」，將會帶來你的「安心、安全」**。

在心理諮商的世界中，心理諮商師會盡量拉高音調來回應個案。如此一來，諮商者會感到安心，談話也比較容易進行。

相較之下，在自然界中，低沉的聲音通常都是來自「獵捕者」。

因此，人類也容易出於本能地會感到害怕。

即使是說同樣的「嗯、嗯」，用低沉的聲音回應，恐怕會讓人產生壓迫感。

假如你的嗓音天生偏低，就試著留意把音調拉得比平時高一些吧。

「咧」地吐出舌頭來

這個小練習是要張大嘴巴，「咧」地吐出舌頭。

請大家盡量伸長舌頭，直感覺到舌根被拉動。你可能覺得做這個動作很不雅觀，但這個練習也給人一種解放感。

這個練習是用來刺激舌咽神經和顏面神經的，鍛鍊喉嚨四周肌肉的同時，也能培育前方的開關。

當自律神經承受負荷，有些人有時會出現「喉球症」（Globus hystericus，又稱臆球症）這種喉嚨卡卡的症狀。

它的特徵是在壓力大時出現，而非進食的時候。

這是**身體動不動就要進入「凍結僵直模式」的徵兆**。

一旦進入「凍結僵直模式」，身體就會為了保護自己不被重大壓力壓垮而降低所有身體機能，進入關機狀態。

這會讓氣

管跟著關閉，所以會出現這種症狀。

咕嚕咕嚕地漱口

「漱口」可用來預防感冒等疾病，但它不僅能沖掉喉嚨裡的病毒和細菌，在強化前方開關這方面也有很大的用處。

原因是，漱口時能刺激咽喉這個有前方開關通過的部位。

我想應該很多人都有漱口的習慣，但**請大家在做這個小練習時發出「啊」「喔」「嗚」等各種聲音**。

發出這些聲音時嘴形會改變，受到刺激的範圍會更廣。

此外，我還建議大家在刷完牙之後**咕嚕咕嚕地漱漱口**。

漱口時，為了不讓水漏出來，我們會緊閉雙唇，並且動用到口腔、

上下顎和臉頰肌肉，如此更能發揮效果。

做醜臉瑜伽或按摩臉部

你有沒有感受過眼睛四周痙攣的經驗呢？

有時，壓力一大，**交感神經就會過於活化，這就會導致顏面神經擅自亂動**。

眼皮、眼睛下方和臉頰，不受控制地一直抽動……。

有時候，這些症狀在與人見面時特別嚴重，要是太過在意又會累積更多壓力，陷入惡性循環。

即使你的身體尚未發出這種訊號，但實際上，有許多現代人都承受了過多壓力。從現在開始，我們就來進行適當的練習以進行預防吧！

有個方法最適合，那就是用來獲得逆齡肌膚的「醜臉瑜伽」。

例如在發出「啊噗噗」聲的同時鼓起臉頰、張大嘴巴，或是斜眼看東西等等。總之，就是**做些平時不會做的「怪表情」，活動不常用到的臉部肌肉**。

此外，我還建議大家可以按摩臉部，

尤其是**捏著耳垂慢慢揉來揉去，或是用手指推額頭**。
這些方法不僅可望讓肌膚重返年輕，同時還能培育前方開關。

吹口哨

與人交談時會用到嘴巴四周肌肉，這裡有神經通過，而吹口哨則能活動到那些肌肉和橫隔膜。

而且**吐氣能夠安定心神，因此吹口哨可說是最適合用來打造「連結模式」的小練習**。

你會吹口哨嗎？有些人甚至能用口哨吹出旋律，但有些人或許完全吹不出聲音。

不會吹口哨就是前方開關不太作用的證據，這並不是件值得高興的事。

不過，只要多挑戰幾次，就能吹出聲音了。

獨處時，例如洗澡的時候，或許可以稍微練習一下吹口哨。

會吹口哨之後，就試著吹出旋律吧。

如同第一三四頁所說，若要強化前方開關，發出拉長的高音是很有效果的。

對鏡中的自己微笑

若你不常與人接觸，包括前方開關在內的神經就會變得遲鈍。

對於「不討厭與他人相處，但獨處時間變多」的人，和「疲於社交，因此選擇獨處」的人來說，我希望你們務必把這一節的小練習當作每天的功課。

這個小練習就是**對鏡中的自己微笑**。

這時，請大家盡量試著擺出一個「最好看」的表情。

這樣一來，嘴角會自然上揚，眼睛也會張大。

這樣做會動用到臉上的各種肌肉，培育到前方開關。

此外，想著「要擺出好看的表情」本身會讓人意識到一個前提：「這是要給別人看」，所以會開啟「連結模式」。

就這意義來說，**我很推薦大家自拍**。

一個人在自拍時，總會

想「讓別人看看自己的好表情」。

「做出好看的表情」和「拍出好看的自拍照」，這類行為本身就能很好地鍛鍊前方開關。

學習「馬的呼吸法」

人們通常覺得馬的叫聲聽起來像「嘶嘶聲」，但其實馬呼吸時會發出噗嚕噗嚕的聲音。說得更正確點，牠們吐氣時會振動嘴巴四周，而這種呼吸法正適合用來培育前方開關，就讓我們也來挑戰看看吧！

無論從口腔或鼻子都可以，**先大大地吸一口氣**。接著，**在嘴唇自然閉合的情況下，用嘴巴澈底吐出那口氣**。

這樣一來，吐出來的氣就會振動嘴唇。這時候就會牽動口腔四周名叫「口輪匝肌」（Orbicularis oris muscle）的肌肉，大大刺激顏面神經，培育到前方開關。

然而，也有許多人是學不會「馬的呼吸法」的。

有些人無法透過吐氣振動嘴唇，只能發出「呼」的一聲，而這就是沒有牽動到包括前方開關在內的神經的信號。

不過，只要反覆挑戰就能鍛鍊到口輪匝肌，也會漸漸學會。

只要鍛鍊口輪匝肌，就能強化前方開關，不僅如此，還能防止臉部肌膚鬆弛。鼓勵大家不要放棄，要勇於挑戰。

假裝在看望遠鏡

請試著將雙手捲成圓筒狀並重疊，假裝是望遠鏡，然後把雙眼靠上去。

接著，**請試著想像自己正在用望遠鏡看遠方**。光是這樣，你是不是就感覺到眼睛的反應和平時不太一樣呢？

實際上，透過「手部望遠鏡」看遠方時，眼睛看東西的方式會與平時不同，那是因為**運用眼睛肌肉的方式不一樣**。

我們之所以能夠上下左右轉動眼球，都是仰賴圍繞在眼睛四周的各種肌肉。

為了維持視力，也為了培育前方開關，最好要多多運用所有肌肉，但過著社會生活讓我們用眼的方式很不均衡。

人們長時間近距離在看電腦或智慧型手機，即使開窗向外看，建築物就近在眼前，沒什麼機會遠望。

因此，我建議大家利用「手部望遠鏡」並發揮想像力，藉此刺激用來望遠的肌肉。

除此之外，各位若有機會到有豐富大自然的土地旅遊，也請花多點時間眺望遠方的景色。

讓眼睛休息・熱敷

許多人上班時面對電腦，回到家就滑手機或看電視，一整天都過著接觸藍光的生活。

近距離暴露在藍光中會使眼睛的肌肉變僵硬，很難動作。這對前方開關也有負面影響。

此外，當肌肉僵硬，血液循環會變差，氧氣更難送達眼部，使得眼睛越來越疲勞。

為了解決這樣的惡性循環，就要留意讓眼睛休息。

大家要安排讓眼睛休息的時間，例如**每工作一小時，就要閉眼三**

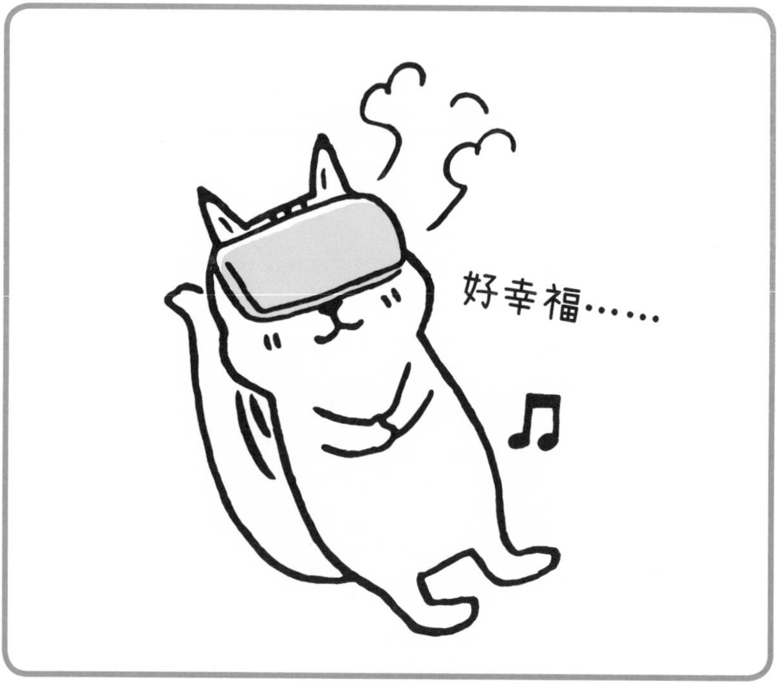

分鐘。我們一旦埋頭工作往往會忘記這件事，所以建議使用計時器。

回家後，**不妨用熱毛巾熱敷眼睛**，或者也可以使用市面上販售的產品。

熱敷雙眼除了能促進血液循環並刺激

顏面神經，同時還能培育前方開關。

直視布偶的眼睛

眼睛是各種神經通過的重要地帶，其中也包括前方開關。**要進入「連結模式」，必須的要素就是直視別人的眼睛**。

直視別人的眼睛時，當然不是緊盯著對方看，最好**能夠投以沉穩、充滿可靠感的視線**。

可是這並不是一件簡單的事。再說，許多為人際交往而煩惱的人，原本就不敢直視別人的眼睛。

實際上，經常有人雖然臉向著別人，卻會巧妙地閃躲對方的目光。大概是想要避開視線刺激以保護自己吧。

一開始就對真人進行「直視眼睛」的練習會造成壓力，所以我建

議可以**利用布偶來練習**。

選用的布偶是大是小都無所謂。

無論是小狗、小熊或米老鼠都無妨，把布偶正對著自己，練習直視它的眼睛。

對寵物做這個練習也不錯，請用充滿

關愛的眼神看著寵物的眼睛。
習慣了之後，就漸漸不會再害怕去看人的眼睛了。

觸摸動物

你有養寵物嗎？

有養寵物的人，應該都曾**在觸摸寵物時感受過那種好惹人憐愛、好溫暖的感覺**。

這就是「催產素」（oxytocin）這種愛情荷爾蒙正在分泌的證據。

品味這種感受也能培育前方開關。

多觸摸寵物，就能在與人相處時感到自在。

若要接觸動物，摸自己飼養的寵物當然最合適。

現代還有許多能接觸到各種動物的店家和服務，例如貓咖啡廳、

兔子咖啡廳、刺蝟咖啡廳、貓頭鷹咖啡廳，以及租借狗狗一起散步等等。

喜歡動物的人，請務必試著去積極接觸動物。

重要的是，**要用膚覺去感受「觸碰動物好舒服」**。

傾聽遠方的聲音

我們的雙耳每天都會接收到各種聲音，但實際上有聽進去的只有一小部分。尤其是遠方發出的細小聲音，人們往往不會去注意，認為「那和現今的我無關」。

不過，如果**豎耳傾聽那些平時忽略的聲音**，就能刺激包括前方開關在內的神經。因為**「想去傾聽些什麼」的態度是一種和環境連結的行為**。

所以，偶爾要練習傾聽遠方的聲音。

下著毛毛雨的日子雖然聽不到雨聲，但汽車行駛在濡濕地面上的

聲音是有別於晴天的。

在一般的都市裡，除了烏鴉與鴿子特別顯眼，其實還有很多野鳥棲息，鳥叫聲會彰顯出牠們的存在。

蓋在遠處的小學鐘聲，有時也會隨風傳來。

請大家仔細傾聽那些微小的聲音。
如此將注意力放在外感受上，就能逐步培育前方開關。

為了安心而嘆息

忙了一天回到家之後，你會不會大喊「哎——好累啊——」，整個人躺到床上去呢？

這時你發出的「哎」是伴隨充實感的**「安心嘆息」**嗎？還是身心都疲憊不堪，是**「不安和憤怒的嘆息」**呢？這之間的差異將對神經造成不同的影響。

請回顧你的一天，回想當天開心的事、鬆了一口氣的事、如意的事和別人親切對待自己等對你來說是好事的事。

然後，**在說出「哎——（太好了♪）」的同時，深深吐一口氣**。

這個練習是要大家透過長長地吐氣，並發出「哎——」的聲音來刺激咽喉、肺部和心臟。

靠這招就能夠運用並培育前方開關。

工作一天回到家後，不妨來聲安心的嘆息轉換心情。

歪著頭說話

當小狗歪著頭看向我們，那模樣是多麼惹人憐愛啊！面對這樣的小狗讓人生不出警戒心來。

相較之下，若你在路上遇到沒有牽繩的狗，而牠又一直盯著你看，你會覺得怎麼樣呢？你可能會心懷恐懼地想：「或許牠會咬我。」

如上所述，包括狗在內的所有**動物都會為了保護自己，花心思避免和眼前的對象起爭端**。

人類也一樣。若想傳送安心、安全的訊號給別人，說話時不妨稍微歪頭。

這樣**不僅能讓對方放下戒心，你自己也會感到放鬆**。

這是因為，擺動頭部能夠**刺激「副神經」**。

只要刺激副神經，就能打開前方開關，瞬間進入「連結模式」。

當你展露出接納的態度，別人一定也會敞開心胸對待你。

看綜藝節目大笑

看綜藝節目的搞笑橋段大笑一番，不用說，當然是種直接轉換心情的方式。

除此之外，笑出聲音能刺激咽喉的神經，嘴角上揚則能刺激顏面神經，對前方開關有正面影響。

還有一點很重要，那就是這樣做**能夠培養正確區分「興奮」與「恐懼」的能力**。

我們為了從事工作等社會性的活動，交感神經必須處於活化和興奮狀態。

然而，**要是不小心把「興奮」當作「恐懼」，人就會非常疲憊**，

而這個小練習就有調整這種狀態恢復正常的效果。

觀賞搞笑橋段覺得很好看時，交感神經就會受到不小的刺激而興奮起來。

可是這種興奮是很令人愉悅的，不是恐懼。

若能像這樣從平時就體會到「興奮不是恐懼」，無論走到哪裡都能自在度過。

在觀賞歡樂的節目時放聲大笑，除了能培育前方開關，同時還能體驗到與恐懼有別的興奮感。

吃口香糖・或假裝咀嚼

很多人應該都還記得，小時候父母總是要我們「吃東西細嚼慢嚥」吧？

細嚼慢嚥不僅是為了幫助消化，在培育前方開關這方面也至關重要，因為**咀嚼會刺激顏面神經**。

「軟到入口即化」幾乎已經成了美食節目的慣用形容詞，可見現代人有著愛吃軟嫩食物的傾向，但其實大家最好要多吃硬的食物，並且好好咀嚼。

另外，**我還建議大家吃口香糖**。不過，即使沒在吃任何東西，光是做出咀嚼動作就有效果。

順便一提，這個小練習還能用來當作**靜心的對症療法**。

例如要做重要簡報而心跳加速時，就可以使用。

若是想要透過調整呼吸來放慢心跳，注意力反而會聚焦在呼吸上，導致呼吸更不順。

這時，**就試著做咀嚼的動作吧**。光是這樣就能舒緩緊張唷。

唱首歌

「唱歌」時須要調整呼吸，並掌握好節奏和旋律。

與此同時，從喉嚨到橫隔膜全都會受到刺激，能為前方開關帶來很棒的影響。

如果可以，最好與別人合唱或輪唱。

聽別人演唱，並配合對方來發聲的行為能刺激包括前方開關在內的神經。

唱KTV已經變成一種通俗娛樂，但也有很多人不敢在別人面前唱歌。

既然如此，就一個人輕鬆唱歌，以此做為練習。

我推薦的方法是**跟著YouTube影片一起唱**。

可以播放喜愛歌手的音樂影片，跟著一起唱。

獨處的時候沒人看到，所以五音不全也沒關係。我自己也經常透過唱歌來紓壓。

坐在瑜伽球上

若想坐在瑜伽球上並保持一定的姿勢，就會以上半身為中心，出現略為的搖晃。

這樣做**能刺激調節血壓的「壓力感受器」（位於頸動脈通過之處），控制加速的心跳穩定下來**。

大家不妨利用滑手機或回家後看電視的時間等，在每天生活中抽出一些時間來坐在瑜伽球上，這樣做除了能緩和緊張，同時還可培育前方開關。

若沒有瑜伽球，**坐在椅子上輕輕搖晃上半身也OK**。

此外，除了瑜伽球，**坐在搖椅或鞦韆上也能帶來相同的效果**。

我在這裡要特別推薦搖椅，有研究報告指出，失去溝通能力的高齡失智症患者因此展現出了表情。

假如儲藏室裡有閒置不用的瑜伽球，請趕快拿出來用吧！

擁有一顆感恩的心

假如一個人時常對旁人抱著感恩的心，就能隨時都處於「連結模式」。而且，即使身邊沒有任何人，我們仍然能夠單獨做些小練習來生出感恩的心。

我最推薦的方法是**試著想像自己每一天的生活中「會與多少人牽扯上關係」**。

舉例來說，獨自放鬆享用喜歡的食物會讓我們感到幸福。此時，後方開關的「休息消化模式」肯定正在運作中。

不過，不要只是這樣就算了，還要去想一下那些販賣食物的人、製作餐點的人，和運送食物的人……，**試著深刻地去想像，並把手放**

在胸口感謝他們吧。

這樣一來，即使你在獨自用餐時，心底還是會湧現「自己受到許多人幫助」的感謝之情。

除此之外，大家還可以試著想像自己對其他人做出貢獻的場景。

即使主管要你處理麻煩的影印工作，你也不要心煩，而是把這當作一個與人連結的機會。

我建議大家可以利用日常生活中的一切來調理包含自己前方開關的神經。

熱敷心臟和肺部一帶

和別人擁抱或眼神接觸時，我們腦內會分泌名叫催產素的愛情荷爾蒙。

此時，胸口會感到一陣溫暖，實際上，體溫也會跟著升高。

透過這一節的練習來模擬體驗這種狀態，就能培育前方開關。

試著把暖暖包或熱水袋等**溫熱物品放在前方開關會通過的心臟及肺臟等身體正面吧**。如此一來就會感受到「溫暖」。

光是這樣就夠了。

只要多累積這種「溫暖的感受」，最終就自然能在人際關係中得到溫暖。

不過，要點在於**溫熱的部位是「身體正面」**。

這和洗熱水澡來溫暖全身是不同的。

只要重點式地溫熱前方開關行經的部位就好，同時請在腦海中想像與人連結的情景。

後記　無論發生什麼事，隨時都能找回「安心感」

各位讀到這裡，或許已經了解與「安心種子」有關的神經機制了。即使有讀者看不太懂其中的理論，但只要實踐書中介紹的小練習就夠了，完全沒問題的。

在這裡，讓我再次替大家簡單複習一下「神經的基礎（安心種子）」的機制。

從神經的觀點來看，「安心」簡而言之是一種自己身心反應的內側感覺，**會調整內感受，而且具有「可預測性」**。

所謂的「可預測性」，就是**即使感到興奮或緊張，無論在生理或心理上都還是很確定自己一定能夠回到放鬆狀態**。

負責讓人放鬆的神經是「副交感神經」，可區分為「後方開關」（背側迷走神經）和「前方開關」（腹側迷走神經）。它們是分別負責「休息消化」以及「與人連結」的神經。

適度刺激並運用這兩種神經，就能打好神經的基礎。

當安心深植下來，人或許就會明確感受到自己的抗壓性變強，能夠進行各種挑戰。

如果你喜歡書中的某些小練習，可以在日常生活中不勉強地去實踐，而且若出現什麼擾人的症狀或問題，也可以把這些練習當作對症療法。只要做到這兩件事，將能改善已經常態化的緊張感和疲勞感，漸漸地也不再會那麼敏感了。

只要在自己心中培育安心的種子，就是自然地也在旁人和社會中埋下安心的種子。

先做後方開關的小練習，深化了某種程度上的穩定後，再做前方開關的練習。接著再回頭進行後方開關的練習。試著如此反覆循環吧。你將會發現，自己的大腦和身體都漸漸變得悠閒自適了。

這樣一來，你將能成功擺脫令人緊張和疲勞的備戰狀態。

你不須要勉強自己與人社交，只要和他人保持適度距離，就能提高身心的機能。若培養了「安心感」，整頓好了身心，就能珍惜自己和別人。這是在任何社會中都能生存下來的祕訣。

而且，只要培育了安心的種子，旁人也能輕易看出發生在你身上的變化。

若不僅是自己察覺出了變化，連親朋好友、同事、周邊的人都對你說了以下的話，就是練習奏效了的證據。

- 你的氣色變好了，皮膚很有光澤！
- 你好有精神喔！
- 你的聲音真好聽，好有活力！

● **和你聊天好開心喔！**
● **你的個性變得圓滑了！**

在這樣的變化下過著日常生活、專心做眼前的事，你就能進入「做自己，並且有能力實現夢想」的狀態。

無論是實現夢想或自我實現，其實都是安心狀態的累積。

所以，無論遇到何種狀況、處於什麼狀態，都不要絕望或放棄。

只要培育安心的種子，並看清趨勢即可。人不會一直都處於低潮的！不如說，發揮創造力和遇到機會的時刻一定會來臨。

本書在日本由大和出版社發行。其實在大和出版社出書是我長久以來的夢想，因為它出版了許多我心目中的經典好書。

我沒想到會收到大和出版社的邀約，所以對從天而降的好機會大吃一驚。

大和出版社的時奈津子小姐擔任本書的責任編輯，針對「如何將我在演講和療程中傳授的內容撰寫成書」給了許多建議。此外，我也打從心底感謝松浦優美子小姐為我和時奈津子小姐牽線。

最後，讀者若想要更深入了解「多重迷走神經理論」，不妨閱讀參考文獻中列出來的書目，都是很棒的書籍。

我衷心希望，獨一無二的你心中能培育安心的種子，讓愜意成為你人生的羅盤。

淺井咲子

参考文献

- 『「今ここ」神経系エクササイズ「はるちゃんのおにぎり」を読むと他人の批判が気にならなくなる。』浅井 咲子（梨の木舎）
- 「とても簡単！自律神経セルフメンテナンス」浅井咲子・田島功（特定非営利活動法人 ratik）
- Dana, D. (2018). The Polyvagal Theory in Therapy: Engaging the Rhythm of Regulation, New York; W.W. Norton & Company Inc.
- Kain,K& Terrel, S. (2018). Nurturing Resilience: Helping Clients Move Forward from Developmental Trauma--An Integrative Somatic Approach. Berkeley, CA: North Atlantic Books.
- Kline, M., & Levine, P. (2006). Trauma through a child's eyes: Awakening the ordinary miracle of healing. Berkeley, CA: North Atlantic Books.
- Kline, M., & Levine, P. (2008). Trauma proofing your kids: A parents' guide for instill ing confidence, joy and resilience. Berkeley, CA : North Atlantic Books.
- 「その生きづらさ、発達性トラウマ？ポリヴェーガル理論で考える解放のヒント」花丘ちぐさ（春秋社）
- Levine, P. (2010). In an unspoken voice: How the body releases trauma and restores goodness. Berkeley, CA : North Atlantic Books.
- Lewine, P (2015). Trauma & memory: Brain and body in a search for the living past. Berkeley,

CA: Noth Atlantic Books.
- Nakazawa. D. J. (2015). Childhood Diarupted: How your Biography becomes your biology and how you can heal New York, The Elizabeth Kaplan Literary Agency, Inc.
- Netter, F.H. (2011). Atlas of human anatomy. 5th ed. Philadephia, PA: Saunders.
- Ogden, P., Minton, K., & Pain, C. (2006).'Trauma and the body: a sensorimotor approach to paychotherapy. New York: W.W. Norton & Company, Inc.
- Phillips, M. & Kain, K. (2016). Resilience: Resolv ing the sympotoms of early trauma. http:// bestpracticeintherapy.com
- Phillips, M. & Porges S.W. (2016). Connectedness: A Biological imperative. http:// be stpracticeintherapy.com
- Parges, S.W. (2004). Neuroception: A subconscious system for detecting threats and safety. Zero to Three. 24(5), 19-24.
- Porges, S. W. (2011). The polywagal theory: Neurophysiological foundations of emotions, attachment, communication, and self-regulation. New York: W.W.
- Norton & Company Inc.
- Porges, S. W. (2017). The pocket guide to the polyvagal theory: The transformative power of feeling safe New York: W.W. Noton & Company, Inc.
- 『「ポリヴェーガル理論」を読む からだ・こころ・社会』津田真人（星和書店）
- 『図解雑学からだのしくみ』高橋長雄/監修（ナツメ社）
- Van der Kolk, B.A. (2014). The body keeps the score: Brain, mind, and body in the healing of trauma. New York: Viking press.
- 『手の治癒力』山口創（草思社）

・『シンプル生理学（改訂第6版）』貴邑冨久子・根来英雄（南江堂）
・『「いごこち」神経系アプローチ4つのゾーンを知って安全に自分を癒す』浅井咲子（梨の木舎）

國家圖書館出版品預行編目(CIP)資料

療癒自律神經,扭轉逆境人生 : 47個小練習,
穩定你所有負面情緒/淺井　子作 ; 伊之文
譯. -- 初版. -- 新北市 : 世茂出版有限公司,
2023.06
面 ;　公分. -- (心靈叢書 ; 15)
ISBN 978-626-7172-36-0(平裝)

1.CST: 心理治療 2.CST: 心理衛生 3.CST:
生活指導

178.8　　112003575

心靈叢書15

療癒自律神經，扭轉逆境人生：47個小練習，穩定你所有負面情緒

作　　者／淺井咲子
譯　　者／伊之文
主　　編／楊鈺儀
編集協力／中村富美枝
封面設計／林芷伊
出 版 者／世茂出版有限公司
地　　址／(231)新北市新店區民生路19號5樓
電　　話／(02)2218-3277
傳　　真／(02)2218-3239（訂書專線）　單次郵購總金額未滿500元（含），請加80元掛號費
劃撥帳號／19911841
戶　　名／世茂出版有限公司
世茂網站／www.coolbooks.com.tw
排版製版／辰皓國際出版製作有限公司
印　　刷／傳興彩色印刷有限公司
初版一刷／2023年6月

ＩＳＢＮ／978-626-7172-36-0
ＥＩＳＢＮ／9786267172384 (EPUB) / 9786267172377 (PDF)
定　　價／360元

FUAN · IRAIRAGA SUTTO KIESARU “ANSHIN NO TANE” NO
SODATEKATA

Interior illustrations by Kenta KITAHARA
First published in Japan in 2021by Daiwashuppan, Inc.
Traditional Chinesetranslation rights arranged with PHP Institute, Inc.
through AMANN CO,. LTD